爱上地理课

AISHANG DILIKE

德国的城市·慕尼黑

DEGUO DE CHENGSHI·MUNIHEI

知识达人 编著

成都地图出版社

图书在版编目（CIP）数据

德国的城市：慕尼黑 / 知识达人编著 . —成都：
成都地图出版社，2017.1（2021.8 重印）
（爱上地理课）
ISBN 978-7-5557-0422-5

Ⅰ . ①德… Ⅱ . ①知… Ⅲ . ①慕尼黑—概况 Ⅳ .
① K951.6

中国版本图书馆 CIP 数据核字 (2016) 第 208152 号

爱上地理课——德国的城市·慕尼黑

责任编辑：马红文
封面设计：纸上魔方

出版发行：成都地图出版社
地　　址：成都市龙泉驿区建设路 2 号
邮政编码：610100
电　　话：028－84884826（营销部）
传　　真：028－84884820

印　　刷：唐山富达印务有限公司
（如发现印装质量问题，影响阅读，请与印刷厂商联系调换）

开　　本：710mm×1000mm　1/16
印　　张：8　　　　　　　字　　数：160 千字
版　　次：2017 年 1 月第 1 版　　印　　次：2021 年 8 月第 4 次印刷
书　　号：ISBN 978-7-5557-0422-5
定　　价：38.00 元

大胡子叔叔

42岁的詹姆斯·肖，美国人，是位不折不扣的旅行家和探险家，足迹遍布世界许多国家。因为有着与肯德基爷爷一样"茂盛"的胡子，所以被孩子们亲切地称为"大胡子叔叔"。

吉米

10岁的美国男孩，跟随在大使馆工作的父母居住在中国，是大胡子叔叔的亲侄子。他活泼好动，古灵精怪，对世界充满好奇。

主人公简介

映真

11岁的韩国男孩，汉语说得不好，但英语说得很流利。性格沉稳，遇事临危不乱。

花花

10岁的中国女孩，自理能力差，有一点点任性和霸道。她的父母与映真的父母是很要好的朋友。

目录

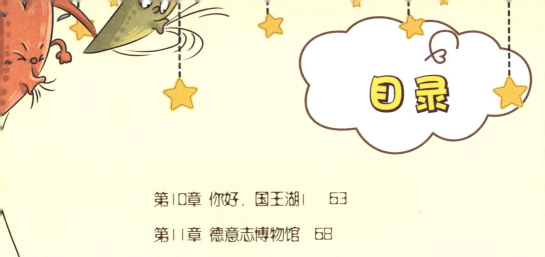

目录

引言

马上要去慕尼黑了，孩子们都很兴奋，他们一边尾随大胡子叔叔向机场走去，一边唧唧喳喳地说个不停。

突然，花花好像想起了什么，她拽了拽大胡子叔叔的衣角，问："大胡子叔叔，慕尼黑那边的人是不是都长得黑黑的？"

"哈哈，当然不是了。慕尼黑只是城市的名称而已，和居民的肤色可没关系。"大胡子叔叔笑着继续说，"它是德国南部最富饶的城市，既古典又现代，是复古与创新的完美结合体。"

"那里有什么好玩的呢？"映真在脑海中努力勾勒着慕尼黑的画面。

"你们有这种求知精神叔叔真是太高兴了！孩了们，要记住，在你到达目的地之前，一定要搞清楚我们为什么去。同样，做任何事之前，都要多想几个为什么。"大胡子叔叔说道。

"叔叔，你快点告诉我们，慕尼黑到底是怎样的一个地方？"吉米迫不及待地问道。

"我们要去的慕尼黑啊，是德国第三大城市，那里有活泼热情的人们，有大家都熟知的宝马汽车，有美丽梦幻的新天鹅堡，有会变色的安联足球场，有一年一度的'啤酒节'……总而言之，那儿有许多让人终身难忘的景致，孩子们，相信我，你们一定不枉此行。"大胡子叔叔神采奕奕地说。

"真想马上就飞到那片土地上。"映真的脸上露出了向往之情。

"大胡子叔叔，你说了那么多，怎么没谈到那里的特色美食呢？难道慕尼黑没有好吃的吗？我们是不是要饿坏肚子啦？"听了大胡子叔叔的介绍，吉米似乎还不满足。

"哈哈，慕尼黑的美食可不少哦，有早餐香肠，有烤咸猪手，有熏鲜鱼，还有……"

"大胡子叔叔，别……别再说了！"吉米的口水都快流出来了。

"真是个馋鬼！"花花和映真在一旁笑了起来。

"好了，孩子们，我们该上飞机了！"大胡子叔叔打断他们的说笑。大家一起登上了前往慕尼黑的飞机。

第 1 章

玛利亚广场

"啊,我们终于到啦!"刚走出机场,花花一脸欣喜。

"慕尼黑正在张开双臂迎接我们呢,好期待!"映真忍不住跳了起来。

"现在就开始我们的慕尼黑之旅吧,第一站是——哈哈,保密,到了就知道啦。"大胡子叔叔望着可爱的孩子们,故意卖起了关子。

"大胡子叔叔,快点告诉我们吧!看我们这样着急,您忍心

吗？"映真急切地问道。

　　"好啦，好啦，我们的第一站是——玛利亚广场！"大胡子叔叔见几个小家伙真的着急了，便说出了目的地。

　　"大胡子叔叔，为什么叫玛利亚广场呢？是不是有什么特别的意义？"花花很想知道。

　　"我们了解一个城市，首先应该了解最能代表这个城市的地方。玛利亚广场是慕尼黑市中心的标志与象征。"大胡子叔叔娓娓道来，"它位于慕尼黑市中心，由于广场中间有一根玛利亚圆柱而得名。"

　　"那根圆柱是做什么用的呢？"吉米好奇地问。

　　"玛利亚圆柱是荣耀的象征，是为了庆祝瑞典对慕尼黑的占领结束而建立的。"大胡子叔叔是个"万事通"。

　　"原来还有这样的历史故事啊。"映真低下头，陷入了沉思。

不知不觉中，大家已经来到了玛利亚广场，在这里仿佛置身于古老与现代的交接转换空间。

　　"广场上好多菊花啊！"花花吃惊地张大了嘴巴。广场上有很多漂亮的菊花，粉色的、白色的、紫色的，还有蓝色的，组合在一起煞是好看。

　　"是啊！那是德国国花——矢车菊，它象征着德国人民处世虚心、谨慎、谦和之风。它以清新的色彩、美丽的花形、芬芳的气息和顽强的生命力博得了德国人民的赞美和喜爱，因此被奉为国花。你们

会发现，在德国，它无处不在。"

"大胡子叔叔，这是教堂吗？还是什么宫殿，好气派！"吉米手指玛利亚广场北面的一座米黄色的非常醒目的建筑惊叹道。

"这是著名的慕尼黑新市政厅，修建于19世纪末，里面设有市议会、市长办公室和一部分行政机构。它是一座典型的新哥特式建筑，外观巍峨、宏伟、大气，因为它的存在，玛利亚广场被列为慕尼黑的十大名胜之一。"大胡子叔叔神采飞扬地介绍着。

"这座建筑最精彩、最吸引人的地方，是楼顶上的 木偶报时钟。"说着，大胡子叔叔指了指位于塔楼半腰的钟龛，"它是德国最大的音乐木偶钟，包括大大小小的43个钟，最小的钟重约10千克，直径约18厘米。最大的钟重约1300千克，直径约125厘米。"

"哇！那个二层小空间里，有好多彩色的木偶呀！"吉米惊叹道。

"是的，这些彩色的木偶和真人一样大小。每天上午11点、12点和下午5点，木偶钟就会鸣响，这些木偶也排着队簇拥而出，随着音乐节奏一起载歌载舞。它们有的手持斧剑，有的提着花灯，有的骑着骏马，有的吹着喇叭，各种仪式共持续10分钟。每天，都有许多旅客奔赴这里，观看这迷人的木偶表演，聆听那清脆响亮的音乐钟声呢。"

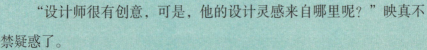

　　"设计师很有创意，可是，他的设计灵感来自哪里呢？"映真不禁疑惑了。

　　大胡子叔叔拍了拍映真的肩膀，继续说："问得好，这里面还真有个故事呢。这套表演装置是慕尼黑艺术工匠的垂世名作。据说，慕尼黑曾发生过大规模的鼠疫，全市有几千人丧生，其余的人纷纷逃离到别处去了。就这样过了很多年，威廉五世公爵为了恢复和重振慕尼黑，便在这里举行大婚庆典。一路上游行庆祝，大家一起热热闹闹，慕尼黑从此恢复兴旺。后来，人们为了形象地展现1568年威廉五世公爵大婚庆典华丽的场景，便在市政厅钟楼上设置了木偶报时钟。"

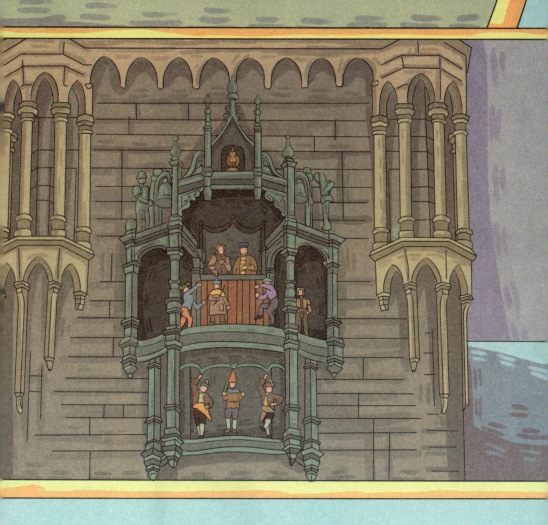

　　"简直太伟大啦！"吉米惊叹德国艺术的高超。

　　"吉米，别感慨了，先帮我拍张照片吧！"花花说完便摆出了一个可爱的姿势，几个孩子互相拍照，玩得不亦乐乎。

　　就在这时，时间指向11点，那些木偶配合音乐开始活动。几个孩子看得很入神，还不时地"咯咯"笑出声来，那神情仿佛自己穿越了时空，置身于盛大的婚典中……

第2章
热闹的皇家啤酒馆

"大胡子叔叔,我饿了,还有点渴。"吉米舔了舔嘴唇说。

"吉米,你脑袋里怎么除了吃就是喝呢?"花花打趣道。

"冤枉,我从下飞机到现在都没吃没喝,一直饥肠辘辘地陪着你们,中国有句话叫作'舍命陪君子',说的就是我!哼,你们真是太不善解人意啦!"吉米十分委屈,对于他而言,这么久没吃东西没喝水已经是罕见的了。

他的话一下子把大家逗笑了。大胡子叔叔捏了一下他的脸蛋，
"你渴了是吧？走，我带你们去一个好地方。就在前面，它就是著名
的皇家啤酒馆。"

"皇家啤酒馆？叔叔，咱们别去了，我不喜欢喝酒。"花花一边
走，一边提出抗议。

"我喜欢，我喜欢！大胡子叔叔带我去转转！"吉米一直想尝尝
慕尼黑的啤酒呢。

"吉米，你怎么什么都喜欢？"花花摊开双手，表情很无奈。

不一会儿，皇家啤酒馆便呈现在大家的面前。这是一座充满历史感
的古老建筑，共分为三层。大门是敞开的，阵阵声浪从里面传出来。

"花花，你不喜欢这种地方，就在外面等我们吧。"吉米扮了个鬼脸，故意逗花花。

"才不要呢！这里好热闹，我也要进去坐一坐。"花花听见里面人声鼎沸，也对皇家啤酒馆产生了浓厚的兴趣，所以她比吉米还快一步，走进了啤酒馆。

皇家啤酒馆的一层大厅，是清一色的硬木桌椅，几乎座无虚席。大厅中间是一个小小的舞台，身穿巴伐利亚民族服装的乐手们正弹奏着乐曲。啤酒馆内的酒保们手拿数个啤酒杯，自如地在人群和桌椅的缝隙中穿行。大家都畅饮着、高谈着，有的人一边举杯一边扭动腰肢跳起了舞，有人在敲击桌椅，应和着乐队演奏的激情音乐，他们的脸

上都洋溢着兴奋和快乐。

"哇！这么多人！"几个孩子刚进去，就被里面的氛围震慑住了。

"哈哈，人多吧，皇家啤酒馆一共可以容纳5000人呢！"大胡子叔叔笑着说，"它已经有400年历史了。它之所以在世界上享有盛誉，不仅因为这里的啤酒是'王'，更在于它几百年来形成的啤酒文化。有人说，到了慕尼黑，不去德国皇家啤酒馆，就等于白来一趟！所以，来自世界各地的游客，无论是达官显贵，还是平民百姓，都会来这里体验一下啤酒文化，这也是我今天带你们来的原因。"

大家想找几个靠在一起的空座位，结果发现很难找。后来终于找齐了位子，坐了下来。

"小家伙们，你们想点些什么，想品尝这里的黑啤吗？"大胡子叔叔问。

"黑啤好喝吗？"花花一想到要喝酒，又皱起了眉头。

"当然好喝！在德国的啤酒中，皇家啤酒馆的啤酒可是首屈一指的，它选用上等优质大麦芽、啤酒花和酵母精致酿制，酒味不同寻常，既香醇又爽口，让人回味无穷哦！每天都有近万升的啤酒，从这儿运往大大小小的酒铺、酒馆、宴会厅以及啤酒园呢！小孩子不能喝酒，但是可以破例让你们尝一下这世界闻名的啤酒！"

"那我也要品尝一杯德国黑啤。"花花的眉头舒展开，露出了笑容。

大胡子叔叔点了四杯德国黑啤，可是当啤酒上桌后，几个孩子都惊呆了，好大的杯子啊，比他们的胳膊都粗好几圈呢。

　　映真从来没有喝过酒，这是他第一次尝试，他很好奇地喝了一口，随后裂开嘴，但没有发表言论。而花花则咂了咂嘴，说："太苦了，太苦了，完全没有橙汁和可乐好喝。"

　　"怎么会呢，这啤酒很美味呢！"吉米或许怕被大家嘲笑，努力掩饰着自己的不习惯。说完，他又狠狠地喝了一口。

　　"吉米，不要喝得这么快，你会醉的！"大胡子叔叔连忙阻拦。

　　"我可是堂堂男子汉，怎么会醉？"吉米说完又喝了两口。

　　"孩子们，我给你们说说这啤酒馆里发生的故事吧。"大胡子叔

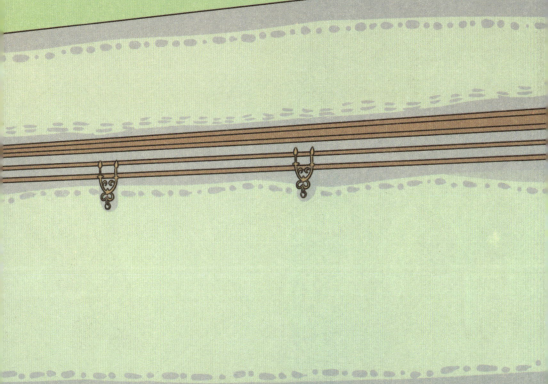

叔打开了话匣子。

"说到这啤酒馆，来过这里喝酒的人还真不少。德国足球名将贝肯鲍尔、穆勒、克林斯曼，当年都曾在这里和球迷一起狂欢。每当世界杯时，这里会聚集全世界的球迷。即便是现在，许多球星还经常光顾这家啤酒馆。"听到这里，吉米兴奋极了，要知道，他也是个小足球迷呢！

"那梅西、小小罗会不会来呢？那样的话，真是令人兴奋呀！"吉米边说边敲起桌子。

"那也说不定哦。"大胡子叔叔抿了抿嘴，喝了口啤酒，"不止是足球明星，几百年来，皇家啤酒馆都是各界名人聚会

的最佳地点。德国人评选出了一个'最有激情的酒客'，他就是苏联革命的领导人——列宁。20世纪初，流亡欧洲的列宁曾在慕尼黑居住过一段时间，他多次来到这家啤酒馆。离开慕尼黑后，列宁时常回想起在皇家啤酒馆的日子，他的夫人也曾经写到：'特别让我们经常怀念的是皇家啤酒馆，在那里，啤酒使人们消除了阶级差别。'

"还有很多很多名人，都曾光顾过这里。著名的音乐家莫扎特，也曾经在这里喝过酒，还谱了歌剧《伊多梅尼奥》作为留念。"大胡子叔叔的话音刚落，大厅内便响起了《义勇军进行曲》。

"哇！这是我们的国歌，没想到能在这里听到，我真是太激动

啦！"花花兴奋得快要流眼泪了。

"哈哈，别激动，孩子，是这样，这里的乐队会根据世界各国游客的要求，演奏各个国家的名曲。由于中国游客越来越多，现在《义勇军进行曲》已经成了皇家啤酒馆的保留曲目。"

"来！为了我们来到皇家啤酒馆，干杯！"吉米突然举起了杯。

"好像啤酒突然变好喝了呢。"花花不知不觉中喜欢上了这个味道，她发现自己已经喝了大半啦。再看看他们几个，居然都喝完了，原来他们也都爱上了慕尼黑啤酒的味道。

第3章

奥林匹克公园

孩子们跟随大胡子叔叔来到了一个公园。

"我猜这里是奥林匹克公园!"一下车,花花最先看到了奥运五环标志,想起自己在北京曾看见过,不禁脱口而出。

"真是壮观啊!"吉米随后也发表了他对公园的第一印象。

"没错,孩子们,这里是著名的慕尼黑奥林匹克公园。1972年第

20届奥运会曾在这里举办。你们也看到了，它是一组高度密集、形象独特、面积庞大的体育建筑群，可以容纳8万左右的观众。如今，它已成为慕尼黑市民的最佳运动去处。"

"哇！那奥林匹克公园的设计者是谁呢？"映真问道。

"它的总体造型和核心建筑是由慕尼黑的两位建筑师贝尼斯和奥托设计的。"大胡子叔叔捻捻胡须说，"整个公园由三十多个体育场馆组成，包括奥林匹克中心体育场、游泳池、自行车场、冰球场以及拳击馆等。此外，这里还有大型的水上运动湖、奥林匹克村、新闻中心和电视塔等。怎么样，很棒吧？"

"是呢，十分壮观，在这里看奥运会应该也很爽吧！"吉米说道。

他们径直向前走，进入奥林匹克体育场。

"草坪真绿啊！要是冬季时草坪也像现在这样绿，那就好了！"映真叹了口气说道。

"哈哈，是个很好的想法！实话告诉你们吧，这里一年四季都绿草茵茵。这是因为草坪下面安置有暖气设备，能够保证草皮不受季节影响而正常生长，所以运动员们冬天也能在这里进行比赛。"

"你们看！这上面看起来像不像渔网呢？"花花指着运动场上方的屋顶问。

"这可是奥林匹克公园独有的帐篷式屋顶，也是世界上最大的屋

OLYMPIAPARK
MÜNCHEN

顶呢。这些连绵的悬挂式的'渔网帐篷'，像连绵起伏的阿尔卑斯山脉一般，使整个体育场更有层次感，更加雄伟。它们的总面积非常大，相当于10个标准足球场一般大小。"大胡子叔叔滔滔不绝地介绍着，"不过，它的造价也非常高，是当时世界上耗资最昂贵的屋顶。"

"'渔网帐篷'是什么材质做成的，为什么是透明的呢？"吉米皱着眉头问。

"它们全部是人造有机玻璃，所以整个体育馆的顶棚是透明的。这样设计不仅保证了充足的采光，还可以使数万名观众免受日晒雨淋

之苦。"大胡子叔叔笑着解答小家伙们的问题。

"我觉得看台的设计也很独特呀。"映真环顾四周说。

"没错！孩子们，你们看，这个运动场的看台只有三分之一建在地面上，另外三分之二建在地面下。这样做可以减少建筑的外观尺寸。"大胡子叔叔介绍说，"在南、北看台的最上方，装有电子显示牌。在西看台的最高处，是新闻媒介专用的实况转播室。"

"这足球场太好了。球员们在这里踢球，是多么幸福的事情啊！"吉米说着，伸出右腿做了一个射门的动作。

"大胡子叔叔，那里是什么？"映真指着前方一个很高的建筑

问，"我刚来慕尼黑时就发现它了。"

"映真你吹牛，你又没来过这里，怎么会发现它？"吉米反驳道。

"吉米，映真没有说错，无论我们在慕尼黑的哪一个地方，只要没有障碍物阻挡视线，都可以看到它！"大胡子叔叔见孩子们脸上闪现出疑惑的神情，便解释着，"它叫奥林匹克电视塔，高约290米，是慕尼黑最高的建筑物。走，孩子们，我带你们上去参观一下。"

大胡子叔叔带着孩子们乘坐电梯来到旋转餐厅内。这是一个可以

360度旋转的餐厅，大家点了几样食物，一边用餐，一边饱览窗外的景色。

从塔上俯视，整个奥林匹克公园尽收眼底，那弯弯曲曲的人造湖、林木茂盛的小山丘、绿意盎然的草地，以及在阳光下闪烁的"渔网帐篷"……所有景物交织在一起，壮丽无比。

花花在心中暗自发誓，长大以后一定要成为一名优秀设计师，让更多的中国建筑在世界建筑史上大放异彩！

第4章
这里是宝马汽车的家

"孩子们，想去看看宝马汽车的家吗？"从奥林匹克电视塔出来，大胡子叔叔的一句话再次提起了大家的精神。几个孩子连蹦带跳地跟随大胡子叔叔，来到了一座造型奇特的建筑前。

"哇！看起来很特别呢。这里是宝马汽车的家吗？"吉米问。

"是的，它就是宝马汽车世界。"大胡子叔叔笑着耸了耸肩，接着介绍说道，"相信你们也发现了，这个建筑的设计非常特别，它采

用了双圆锥形设计风格，所以它的外观看上去很像竖立起来的立体化宝马汽车标志。长期以来，它已经成为慕尼黑一个重要的地标。"

"宝马汽车真不愧是大品牌，设计得真大气！"花花也发出了赞叹，接着她又提出了疑问，"不过，它是做什么用的呢？"

"宝马汽车世界的核心是汽车交付。你们看外面的马路与宝马汽车世界是相通的。购买宝马汽车的顾客付完款后，可以直接在大厅里把车开走。怎么样，是不是感觉很方便？"大胡子叔叔真是"万事通"，他摸了摸自己的大胡子继续说道，"在这座建筑里面，还有宝马汽车技术工作室、宝马汽车设计工作室、画廊、青少年课堂、休闲酒吧等场所，是车主们休闲的好去处，这里可以容纳三百多人呢！"

这时，一个美女导游从不远处缓缓走来，她正在为自己的游客介绍宝马汽车世界，大胡子叔叔见状，忙带几个孩子跟紧导游。

"无论哪个国家的城市街道上，都行驶着不同

颜色、不同品牌的车，慕尼黑也是如此。不过，要说哪种车在慕尼黑最常见，非宝马汽车莫属。所以我们来到这座城市，一定不要错过参观名车宝马的机会。亲爱的朋友们，此时此刻我们正位于宝马汽车世界中！"

很多人发出了感叹声，美女导游继续介绍，"宝马汽车世界是一个汽车输出中心，还是一个汽车博物馆，更是'宝马品牌之家'。它向所有人免费开放，我们在这里可以体验宝马汽车的设计，感受宝马汽车的文化。"

"导游不仅人长得漂亮，口才也很好！"人群中有人说了一句。

　　美女导游笑了笑，继续说，"相信每位朋友对宝马汽车世界都产生了浓厚的兴趣，这里有一个科技和设计展示区可以满足大家的好奇心。展览内容每年更换三到四次，包括大量的展品、模型以及短片，通过那些展品，我们可以看到宝马汽车的过去、现在和未来！"

　　"那么，这里有车展吗？"吉米举起小手问道。

　　"当然有喽！参观者可以在车辆展示区近距离观察所有精选出的宝马汽车，整个展示从南至北贯穿宝马汽车世界的大厅，你可以坐入车内，随意体验每辆车的舒适感和豪华配置。你们可以通过模拟驾驶体验驾驶的快感，效果非常逼真，就像在真实的马路上开车一样。"

　　"大胡子叔叔，我们去体验一次吧！"吉米已经蠢蠢欲动啦！

吉米话音刚落，导游小姐的声音再次在耳边响起。"宝马汽车还有一个属于青少年的课堂，孩子们可以免费进入。在实验室和操作间中，孩子们可以自己动手选择车型、颜色、内饰等，打造一辆独具个性的私人车。好啦，下面是自由参观游览时间，想体验的游客请自觉排队，想去青少年课堂的请走这边。我们晚饭时间集合。"大家都顺着导游的方向跑去。

　　"吉米，快来呀，我们要去体验了！"花花一边拉起映真的手，一边向吉米大喊。看着三个小家伙兴奋、安全地走进儿童体验区，童心未泯的大胡子叔叔去试驾了宝马汽车的模拟越野车。他将速度提到180迈，痛痛快快地体验了一把"飞车"的感觉，那怎是一个"爽"字了得呀！

第 **5** 章

驾驶者之车

一座22层高的现代银灰色高楼，雄伟壮观，这便是德国宝马公司总部大厦。

"哇！真的很壮观呢！"花花惊呼。

"宝马总部大厦主体由四个圆柱形塔楼组成，这其中可是有寓意的哦！这四个圆柱形塔楼，象征着汽车发动机的四

个气缸，形象地反映了德国宝马汽车公司的科技水平，同时也是一个具有震撼力、立体的活广告呢！"

映真不禁为宝马的实力所折服："宝马为什么采用这种标志呢？"

"蓝色象征天空，白色象征螺旋桨，从空中俯视的话，会更加蔚为壮观。"大胡子叔叔说完，吉米便插上了想象的翅膀，想象自己飞在了空中。

"想当年，因为第二次世界大战的影响，这里变成一片瓦砾，德国人为了复兴自己的国家，便在慕尼黑修建了奥林匹克公园。奥运会举办完之后，宝马公司被慕尼黑的自然、人文环境所吸引，决定把总部搬过来，于是这里成为宝马汽车公司新的总部。"大胡子叔叔感慨

地说。

"那么，它旁边这座像碗一样的建筑物是什么呢？"映真问道。

"这只很有气势的'碗'就是宝马博物馆。你们看它的屋顶，是一个圆形平面，上面有蓝白相间的宝马圆形徽记，宝马汽车博物馆展厅就设在这个独特的圆形建筑里。"大胡子叔叔解释说。

"博物馆里都有什么？"一听到大胡子叔叔说"博物馆"三个字，吉米马上从想象中回过神来。

"博物馆里有宝马汽车公司从成立之初到现在的所有车型。孩子们，你们想看的话就跟我来吧！"说罢，大胡子叔叔便带孩子们走进

了宝马汽车博物馆。

迎面走过来一位博物馆的工作人员。与很多讲解员不同，他没有先介绍宝马汽车的历史，而是将大家领到了一个悬挂了几百个金属小球的屋子里。这些小球上下移动着，可以排列组合成很多种不同的造型，引起了孩子们极大的关注。

工作人员介绍道："这里共有700多个金属小球，每个小球均能被马达所驱动，之后组合成各种造型，比如汽车、水波等。这些都体现了宝马在设计和动力方面的过人之处。"

孩子们兴奋极了，尤其是吉米，在悬挂了金属小球的屋子里停留

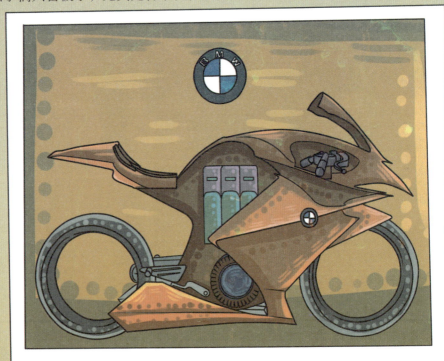

了好久也不愿离开。

随后，工作人员又带大家参观了不同年代、各个时期的各类宝马汽车和一些特殊用途的车辆样品。

"哇！原来宝马也有摩托车啊，我还以为只有汽车呢！"吉米看到了宝马摩托车展示后，发出了感慨。

"当然了，宝马摩托车的历史超过了80年，它们在各种比赛上也是多次获得殊荣，比如，1937年生产的一种摩托车型，创造了每小时280千米的最高速度，驾驶它参加比赛的选手，多次获得了冠军，引起了巨大的轰动。"

"哇！真的好厉害，我们越来越喜欢宝马了！"孩子们又一次为德国先进的汽车技术及宝马的雄厚实力所折服。

"宝马汽车设计精巧，动力性好，安全性高，具有跑车特色，所以被人们称为'驾驶者之车'，是很多追求动感的中青年汽车迷的至爱呢。"工作人员做了最后的总结。

"那么，宝马汽车好还是奔驰汽车好呢？"花花突然歪着头，提出一个刁钻的问题。

"哈哈，宝马汽车虽然没有奔驰汽车历史悠久，但它和奔驰汽车一样，是世界著名的汽车品牌之一。所以说，没有谁好谁坏，它们都一样优秀，都是德国汽车工业的骄傲。"

几个孩子听后，都纷纷点头。

第6章
会发光的足球场

"孩子们，下车啦，我们到啦！"这一天，大胡子叔叔带领大家来到一个足球场外。

"这是什么地方？好像中国的鸟巢体育场啊。"花花指着眼前这个像橡皮艇一样的足球场问道。

"这里肯定是足球场啦，我心爱的拜仁慕尼黑足球俱乐部在里面吗？"吉米说到这里，兴奋地跳了起来。

"哈哈，吉米不愧是个小球迷，懂得真多。没错，孩子们，这里就是著名的安联体育场，它也是拜仁慕尼黑足球俱乐部的主场。"

"我也听说过这支足球队，我爸爸很喜欢他们，经常看他们的比赛呢。"花花对运动不是太关注，现在能说出这些，已经相当不错了。

"拜仁慕尼黑是德国最为成功的足球俱乐部，也是欧洲最受欢迎的球队之一，他们一共夺得了20次德国杯的冠军，以及30次德国足球联赛冠军。"大胡子叔叔可是一个不折不扣的球迷，他说起慕尼黑球队时眉飞色舞。

"这支球队可以算是经典中的经典了。"映真感叹说。

"没错，几乎没有球迷不知道这支球队。它拥有30万左右的注册

会员。"大胡子叔叔娓娓道来，"从2005年至2006年的赛季开始，拜仁慕尼黑的主场就移到了这里——安联体育场。"

大胡子叔叔边走边介绍说："安联体育场是欧洲最具现代化的球场，慕尼黑人非常喜欢它，都亲切地称它为'橡皮艇'或'安全带'。安联体育场可以容纳7万多人，它不仅是拜仁慕尼黑足球队的主场，也是慕尼黑1860的主场，这两支足球队都在这里比赛。"

"你们看，"大胡子叔叔指了指体育场，"它的外表包裹着很多气囊一样的东西，这种设计既显得现代感十足，同时也给人强烈的视觉冲击，最重要的一点，它可以让球场发出美丽的光芒。"大胡子叔叔说到这里，又摸了摸他的胡子。

"发光？"几个孩子睁大眼睛，显然这听起来是件不可思议的事。

Spielfeld

"没错。体育场外面的气囊，实际上是一种菱形膜结构。每个膜结构都可以在夜间被照成红、蓝、白三色。工作人员可以将不同颜色的灯光投射到上面——比如，当拜仁慕尼黑队进行主场比赛时，球场会发出红色的光芒，宛如黑夜中一盏造型时尚的灯；当慕尼黑1860进行主场比赛时，球场会呈现蓝色，像蓝宝石一样美丽、耀眼。"

"安联体育场现在看起来，就像一个白色的救生圈，真想不到它还能发光呢！"花花不禁感叹。

"很多酷爱足球的德国球迷还提议，如果主队进球，就加强球场发光的效果，这样即使球迷无法观看比赛，也能远远地就知道主队进球的消息。"大胡子叔叔滔滔不绝地说着，"所以，很多球迷只要站

在能看到安联球场的地方，就知道是哪支球队正在比赛，甚至还能知道主队有没有赢球，这就是安联体育场的独特之处。"

"花花刚看到它时便联想起北京的鸟巢体育场，这也难怪，其实啊，这两座建筑有一个共同之处。"大胡子叔叔说完笑了起来。

"什么共同之处？"花花瞪大了眼睛。

"有一位设计师同时参与了这两座伟大的建筑的设计。他叫赫尔佐格，来自瑞士，是现今最成功、最有影响力的建筑师之一。赫尔佐格参与设计过许多享誉全球的标志性建筑，比如泰德现代博物馆、马德里开厦银行广场当代艺术馆等，其中最著名的就属北京鸟巢体育场和安联体育场了。走，我们进去参观一下吧！"大胡子叔叔说完，带

赫尔佐格

领几个孩子走了进去。

"你们看，这个体育场是专用的足球场，里面没有田径跑道，角旗区附近也没有弧形区域，这样球迷距离球场就更近了，他们能近距离地观看自己喜欢的明星的表演，这是一件多么令人兴奋的事啊！"

"这里的球迷好幸福啊！"吉米一脸神往。

"安联体育馆的设计真的很人性化。这里还为球迷提供了各种休闲娱乐的设施。比如餐饮服务、托儿所、球迷商店等，服务场所一应俱全。除此之外，还另设了办公室、会议室等地方。"

"只有服务到位，发展才有可能到位。"吉米人小鬼大，冒出了这样一句话，大家哈哈笑了起来。

第7章
奇怪的饮食习惯

"到了吃午饭的时间了，我们去吃点什么呢？"映真的肚子开始咕噜咕噜叫了。

"前面有家快餐馆，我们进去吧。"大胡子叔叔也感到有些饿了。

"大胡子叔叔，我要吃德国的美食，不想吃快餐啦！"吉米这个

小美食家对快餐店完全提不起兴趣。

"大胡子叔叔每次带我们吃的午餐都很丰盛,为什么来到德国你就带我们去吃快餐。难道德国的物价很高吗?"花花也是满脸疑惑。

"哈哈,孩子们,这和物价没有关系。要知道,德国人的午餐基本上都是快餐呢!来吧,孩子们,跟我一起体验一下德式午餐吧!"大胡子叔叔挥挥手,孩子们便随他走进一家快餐店。

进去之后,店主和服务人员都很热情。孩子们环顾周围,看很多德国人都点了面包和沙拉生菜拼盘,或者是简单的肉汁拌意大利面条。吉米皱起了眉毛,"德国人也太不懂得享受了,午餐这么简单。"

大胡子叔叔笑着说道:"孩子们,不要惊讶,这是典型的德式午餐。德国人这样吃午餐不是为了省钱,而是为了省时间,去做更多有

分钟就够了!

意义的事。"

"大胡子叔叔，你给我们说说德国人的饮食习惯吧。"花花不禁好奇。

"好吧，那我就简单地和你们说一说。德国和中国的大部分地区一样，一天吃三顿饭，但是饮食习惯和中国却大不一样。德国人最讲究、最丰盛的一顿饭，不是午餐和晚餐，而是早餐。德国人很有时间观念，即便面对丰盛的早餐，他们也能十分钟就吃完。"大胡子叔叔笑着说。

"啊，那他们的早餐都有什么好吃的呀？"花花瞪大了眼睛。

"德国人的早餐基本大同小异，饮料是咖啡、茶、各种果汁或者牛奶，主食为各种面包，以及与面包相配的奶油、干酪和果酱，外加香肠和火腿。"

听着大胡子叔叔的讲述，吉米流出了口水，花花和映真看到后，笑得前仰后合。

"大胡子叔叔，德国人晚餐一般吃什么呢？"映真迫不及待地问。

"德国人的家庭晚餐通常是冷餐，主食是面包，一盘肉食的拼盘，此外，还有小萝卜、西红柿、黄瓜等鲜嫩可口的蔬菜，葡萄、樱桃等新鲜的水果。"

"我还是觉得他们的早餐有诱惑力。"吉米咂咂嘴说道，而花花却觉得很奇怪，"德国人又高又健壮，只吃这些能饱吗？"

"哈哈，当然能了。他们除了一日三餐外，还习惯在每天下午

此外，还有小萝卜、西红柿、黄瓜等鲜嫩可口的蔬菜。

四五点钟左右'加餐'，喝一杯咖啡或茶，吃一些甜点。"大胡子叔叔边吃边介绍着。

"大胡子叔叔，我觉得自己吃不饱，有没有肉呢？我想吃肉啦！"看着面前的食物，吉米感觉根本填不饱他的胃。

"哈哈，小家伙，你太能吃了。服务员，请给我们来一份炖牛肉，三杯橙汁！"大胡子叔叔十分心疼孩子们。

"谢谢大胡子叔叔，还是你最疼我。"吉米满脸感激。

花花和映真则在一边使劲地咬着面包。吉米瞅准机会，把花花盘中的沙拉抢到了自己嘴中。等花花发现的时候，已经一点不剩了，气得花花喊道："吉米你这坏蛋，天天抢我的东西吃。"

　　"花花，来，把我的吃了吧，我不喜欢吃。"映真把自己面前的这份放到花花面前。

　　"吉米，给你说过多少次啦，以后不准抢别人的东西，看，你自己的沙拉都吃不完，还抢别人的！"大胡子叔叔指着吉米剩下的蔬菜沙拉说道。

　　"知道啦，大胡子叔叔！"吉米边抹嘴边说道。

　　"大家都吃饱啦，好，我们向下一个景点出发！"大胡子叔叔永远是精力充沛的样子。

第 **8** 章

幽静的宁芬堡宫

"我知道我们要去哪里。"出租车上，吉米兴高采烈地说。

"真的假的，我们要去哪里呀？"花花歪着脑袋问。

"昨天晚上，我看到大胡子叔叔在笔记本上写下今天要去的地方，一个是刚才我们参观的安联体育场，另一个就是宁芬堡宫。嘿嘿，除了我，你们都不知道吧！"吉米有点得意地说。

大胡子叔叔听后，捏了捏吉米的鼻子，说："真是什么都逃不过吉米的眼睛啊，没错，我们即将到达宁芬堡宫。"

一路上大家都在说着城堡的故事，有关浪漫，有关爱情，有关童话，很是开心。就在大家谈兴正浓的时候，宁芬堡宫到了。

孩子们下了车，沿着街道走了一会儿，就看到了宁芬堡宫。它坐西朝东，由几幢方形楼房连结而成。土楼金碧辉煌、雄伟壮观，两座侧楼对称和谐。在宫殿前，有一潭清澈的湖水，很多天鹅、野鸭在水中悠闲地活动，孩子们纷纷陶醉在眼前这幅宁静、典雅的美景之

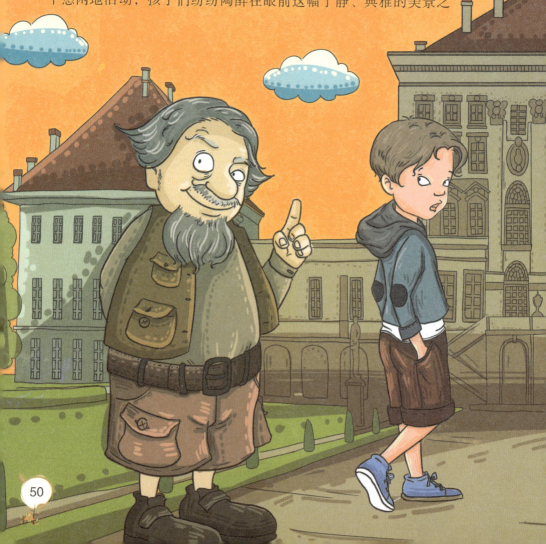

中。

　　"来吧，孩子们，现在让我们成为这座城堡的'主人'吧！"大胡子叔叔笑道，随即带领大家走进宁芬堡宫。

　　"这里住着美丽的公主和帅气的王子吗？"花花情不自禁地展开了想象，吉米和映真的心也飞了起来。

　　"哈哈，花花的联想很丰富呢。其实，这座城堡不是爱情的见证。你们猜猜，会和哪一方面有关？"大胡子叔叔问。

　　"不是爱情会是哪一方面呢，难道是亲情？"映真随口说道。

　　"哈哈，猜对了。这座城堡其实和亲情有关。相传，在18世纪初，选帝侯马克斯将他母亲简朴的乡间别墅扩建成豪华宫殿，这座

宫殿就是我们面前的美丽的城堡。想一想，父母给予我们生命，又不辞劳苦地把我们抚养长大，他们付出了多少艰辛。也许你们还未体会到，但这位国王，他意识到母爱的伟大，并为自己的母亲做了力所能及的事情。孩子们，你们说，他做得怎么样？"大胡子叔叔说起了宁芬堡宫的传说，还顺便把孝道阐述了一番。

"是啊，我们中国有句俗语：'百善孝为先。'就是告诉我们一定要孝敬父母长辈，不要惹他们生气，尊重他们。我们的课本中也有孟郊的'谁言寸草心，报得三春晖'的诗句，这些都是告诉我们亲情的伟大。我以后要向这个帝王学习，为爸妈多做些事情。"花花竟然搬出了很多文学词句，让在场的人都刮目相看。

　　"孩子们，现在让来认识一下这座美丽而又伟大的城堡吧。宁芬堡宫是一座夏宫，历代王侯都曾在这里跑马打猎。主建筑是巴洛克风格的，让我们边走边看吧。"大胡子叔叔说道。

　　"跑马打猎，岂不是很威风，我也想去呢！"花花心生向往。

　　"巴洛克风格，又是一个新名词。叔叔，什么是巴洛克风格？它又有什么主要特征？"映真关注的总是一些新知识。

　　"巴洛克风格，是自17世纪初直至18世纪上半叶流行于欧洲的主要艺术风格。它追求的是繁复夸饰、富丽堂皇、气势宏大、富于动感的艺术境界。无论是在文学、绘画、建筑还是雕塑方面，都有巴洛克

风格的存在。"

"的确是呢，这座城堡就很富丽堂皇。"映真总结道。

"孩子们，这座城堡里有很多厅堂，其中一个比较著名的就是
'中国之阁'，里面的装饰摆设全是中式的，花花，没想到吧，在这
里能看到你们国家的东西，你是不是很激动呢？"

"真的吗？我一定要去看看。"花花确实很兴奋。

"我也是中国迷哦！"映真和吉米同时说道。

大家一起进入了中国之阁。只见里面陈列着一些中国的漆器和
瓷器。环顾周围，所有的装饰，比如壁纸、屏风等，都绘着龙凤、山
水，或花鸟虫鱼等中国式的图案。在中国之阁中，还有一个独特的美

人画廊，陈列着36幅美人油画像。

　　"这是一位宫廷画家为路德维希一世所画的，里面的人物是那个时代最漂亮的美女。"大胡子叔叔介绍着。

　　走出中国之阁，大胡子叔叔又带领大家参观了城堡里的其他地方。在马车博物馆，大家观赏了昔日王侯们的乘坐工具；在陶器搜集馆，大家参观了以前王室使用的瓷器。

　　此行真是受益匪浅，孩子们又学到不少知识。

清晨，大胡子叔叔带着几个孩子来参观新天鹅城堡。

蓝天白云下，青山翠谷中，乳白色的城堡像晨雾一样漂浮在大家眼前。它是如此美丽，如此神圣，如此梦幻。孩子们吃惊地张大了嘴巴。

"大胡子叔叔，这里好像是白雪公主的住处。"花花突然想起了自己从前看过的动画片。

"孩子们，这座城堡的名字叫新天鹅城堡，人们又称它为'白雪公主的城堡'，因为它是迪斯尼城堡

的原型，你们看到的很多动画场景都是受这所建筑的启发。"大胡子叔叔解释道。

"它豪华、优雅、精美，我无法用文字描绘出它的美。"映真感觉自己站在天堂前，情不自禁地感慨。

"哈哈，你已经描述得很好了。"大胡子叔叔笑着说，"新天鹅城堡是德国的象征，也是慕尼黑的骄傲。它建于1869年，一年四季，风光各不相同，是德国境内最受欢迎的旅游景点之一。"

"看得出来，这里游人很多呢。"看着熙熙攘攘的人群，吉米脱口而出。

"据说，新天鹅城堡的建立者是巴伐利亚的一个国王，路德维希二世。这个国王虽无治世之才，却颇具艺术气质。他亲自参与设计这座城堡。他梦想将城堡建设成为一个童话般的世界。这座城堡共有360个房间，其中有14个房间依照设计完工。后来，国王去世了，其他房间最终没有完工。从此，再没有人住进宫殿，这座美轮美奂的城堡成为人们游览的名胜。"说到这里，大胡子叔叔脸上闪现出一丝遗憾，不过他又继续说道，"孩子们，我们进去一睹其风采吧。"

儿个孩子跟随他一起走进了新天鹅城堡。这是一座华丽辉煌的建

筑，全部用石头建成，外观看起来简洁而坚固。整个建筑上下共7层，楼高60多米。

　　大家步入大厅，最先映入眼帘的便是悬挂着的金灿灿的巨大皇冠形灯架，上有96根蜡烛。地上铺着植物和动物图案的地砖。

　　"瞧！好漂亮的天鹅，国王很喜欢天鹅吗？"花花指着大厅里一只洁白如雪的瓷天鹅问。

　　"据说，这只瓷天鹅是茜茜公主送给国王的礼物。"大胡子叔叔说完，三个孩子更加困惑了。茜茜公主是谁？童话中的人物吗？

　　大胡子叔叔笑着说，"相传，茜茜公主是这位国王的表姐，他们青梅竹马，非常要好。国王很喜欢表姐，可是茜

茜公主在15岁时就嫁到了奥地利做了皇后，这对国王来说是一个很大的打击，从此这位英俊的君王心灰意冷，一生未娶，把所有的精力都用于建造自己的童话世界。"

"好感人啊！"花花听完这个美丽的故事，有点想哭了。

"对于国王而言，天鹅象征着纯洁，所以城堡内到处都有天鹅的存在，这也是这里被称为天鹅城堡的原因。如果你们细心留意，就会发现，城堡内的帏帐、壁画、门把手，就连盥洗室的自来水龙头，都装饰着天鹅形状。而那个设计精巧的'水龙头'就在国王的卧室里。"说着，大胡子叔叔带大家走向四楼——国王的起居室。

这里并不大，却是整个城堡采光最好的房间，每个窗户都依稀可以望见远处的森林。

"啊，好艺术的床。"吉米惊叹道。

"吉米真是好眼力。你们知道吗？这张木雕床，是由14个木匠花了好几年时间才完成的。上面有哥特式的雕刻，是一件非常精致的艺术品。"大胡子叔叔介绍说。

"大胡子叔叔，墙壁和顶棚上刻画的都是什么呀？"吉米歪着头，好奇地问。

"这位国王从小就喜欢歌剧和舞台剧，他也是德国著名的舞台剧作家瓦格纳的崇拜者。他为瓦格纳的剧本所打动，所以他在新天鹅堡内各厅的墙壁上都描画了瓦格纳的歌剧。"大胡子叔叔解释道。

"这么华丽的宫殿，修建它一定花了不少钱吧？"映真发出疑问。

"是的，这座城堡的建筑费用相当惊人，据说它给国王带来了巨额的财政赤字。国王花尽了私人积蓄，工程尚未完工，他就下台了。不久，他神秘地淹死在不远处山间的一个湖里。"大胡子叔叔说完，叹了口气。

几个孩子在美丽的新大鹅城堡中驻足了好久。或许他们为新天鹅城堡的梦幻所打动，又或许他们在为国王的命运感到惋惜……

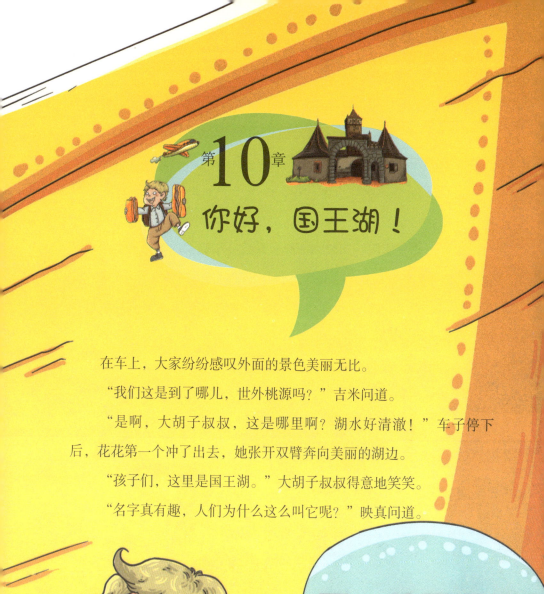

第10章

你好，国王湖！

在车上，大家纷纷感叹外面的景色美丽无比。

"我们这是到了哪儿，世外桃源吗？"吉米问道。

"是啊，大胡子叔叔，这是哪里啊？湖水好清澈！"车子停下后，花花第一个冲了出去，她张开双臂奔向美丽的湖边。

"孩子们，这里是国王湖。"大胡子叔叔得意地笑笑。

"名字真有趣，人们为什么这么叫它呢？"映真问道。

下一站是哪里？

"据说，国王湖的名字来源于这四围的高山，一个像国王，一个像王后，中间的小山峦则是他们的孩子，远处还有一座躺下的巫婆峰。"大胡子叔叔实在太厉害了，什么问题都难不倒他。

　　"我要在这里拍照留念！"花花像发现新大陆似的举起了相机。

　　"国王湖是一座冰川湖，由三个湖泊相连组成，完全被阿尔卑斯山环抱。它是德国最深的湖泊，也是德国最干净和最美丽的湖，这里的水可以直接喝呢！"大胡子叔叔做出一个喝水的动作，然后笑笑说，"孩子们，我带你们泛舟国王湖，欣赏它美如画卷的景色吧。"

　　孩子们高兴地跟随大胡子叔叔来到国王湖码头，大家搭乘电动船，向湖内进发。

　　一路上，湖光山色，美不胜收。清澈的湖水一眼见底，翠绿的山

峦变成隐藏美丽的屏障。

　　电动船大约行驶了20分钟，突然在湖心停下。几个孩子你看看我，我看看你，都以为游船出了故障。这时，一个船员站出来说："这个山壁回音效果很好……"还没等他说完，吉米就冲着船外大喊了一声"哈罗"，引得一船人的哈哈大笑。

　　船员示意大家都安静，随即拿出一支小号，对着山壁吹起了山歌。吹一段，停一停，让大家听回音。

　　"大胡子叔叔，好神奇啊！乐声飘向山谷，又传了回来。"映真发出了感叹。

　　"孩子，这是被称作回音壁的地方，游船行驶到这里，会有船员为大家表演这个'来自国王湖的回音'的节目，这也是泛舟国王湖最吸引人的环节。你们也听到了吧？船员吹完一声小号，马上会传来比

小号声音更深远、悠长、优美的回音。听说天气好的时候，能够听到两遍回声呢。"说着，大胡子叔叔给了船员一点小费。

"叔叔，这里禁止钓鱼吗？我没看到任何垂钓者。"映真问船员。

"是的，在很多国家，钓鱼都是要考执照的。哪种鱼能钓，哪种鱼不能钓，什么地方能钓，什么地方不能钓，都是有严格的规定的。"船员耐心地解答。

"原来不仅中国有，世界范围内都有，只不过大家的侧重有所不同。不过，在垂钓这方面，我们中国还是要向你们国家学习的。"花花感叹道。

美好的时光总是短暂，不一会儿，大家便离开了湖水的怀抱，向

岸边走去。

　　岸上有一座外观很特别的建筑，它有着红色的圆穹顶，半圆形后殿分成对称的二瓣。大胡子叔叔告诉大家，这里原来是圣巴多罗买礼拜堂，现在成了接待游客的餐馆。

　　"孩子们，你们看，在这个礼拜堂的后面，有一座大山，它便是人们称之为'国王'的那座山。再看它周围，有七座小山峰，它们被称作国王的七个孩子。"大胡子叔叔手指着面前的山峦说。

　　"哇，真的很像国王呢！"吉米发出惊呼。

　　"好美丽的国王湖，我真不想和这里说再见。"花花眼神里充满了眷恋之情。

　　"真希望自己能有一双翅膀，飞遍世界各地，看遍所有的美景。"映真此时也感慨万千。

第11章
德意志博物馆

"大胡子叔叔，快醒醒！该起床啦！"早晨6点，花化已经兴奋得睡不着了。

"吉米，你个懒虫，快起来啦！我们大家都收拾好了，就等你啦！"她开始挨个叫大家起床，映真和大胡子叔叔闻声爬了起来，只有吉米还在梦中不愿醒来。

"还早呢，再让我睡一会儿吧。"吉米有些不耐烦地说。

"吉米，今天大胡子叔叔带我们去博物馆哦，那可是欧洲最大的博物馆呢，里面一定很好玩。如果你不想去，那我们先出发啦？"映真故意逗吉米。

"啊，真的吗？我也要去。"吉米听到映真的话，立马来了一个"鲤鱼打挺"，看来博物馆对他的诱惑力还是蛮大的。

半个钟头过后，大家来到了德意志博物馆。

"这个博物馆好大啊！"花花说出了对这个博物馆的第一印象。

"非常正确，孩子们，这个博物馆是欧洲现有科技博物馆中规模最大的，也是世界最早的科技博物馆之一。它的特点在于很多展品都是实物，有很多是可以操作的，整个博物馆又展示了各领域的历史来源和发展

史，因而又可称为科技历史博物馆。"大胡子叔叔笑着介绍。

"周围的环境也不错呢。"吉米一边吃着冰激凌，一边说。

"是啊，周围流水、绿树，给它增色不少。"映真也看到了。

"这是一个享有盛名的科学技术主题博物馆。遥想当年，德意志民族形成统一帝国并在英国和法国影响下开始工业革命。在19世纪末，工程师奥斯卡·冯·米勒第一次提出在慕尼黑兴建大型技术博物馆的方案，可惜当时受第一次世界大战的影响，筹建工作向后推迟了10年。直到1925年，德意志博物馆终于正式开放。"

好多科学发明啊！

　　"我好想一睹为快，我们进去吧！"映真说道。大胡子叔叔带着孩子们走进了博物馆。

　　"孩子们，这个博物馆收藏品约有5万件。从木轮水车到瓦特的蒸汽机，从风帆到卫星，从火箭到战斗机，这里的展品上至天文下到地理，可谓应有尽有，包含了科技发展史的方方面面。展线总长约16 000米，我们要想细细看，至少需要两三天才能看完呢！"大胡子叔叔介绍道。

"哇，那么长啊！"吉米说完感激地看了一眼花花，今天若不是花花早早叫大家起床，那么来到这里参观的时间就更加不够用了。

大胡子叔叔将了将胡须继续说道："我曾经来过这里一次，我比较感兴趣的展馆有矿山、船舶、飞机、航天、医学和乐器等展览馆，这些展览馆用几个小时就可以逛完。在博物馆的顶层还设有天文馆，那是最吸引青少年的地方，很有趣味性。你们想去哪一个呢？"大胡子叔叔征求孩子们的意见。

"我要先去天文馆！"吉米最先发表意见，映真和花花也同意了，于是在大胡子叔叔的指引下，大家来

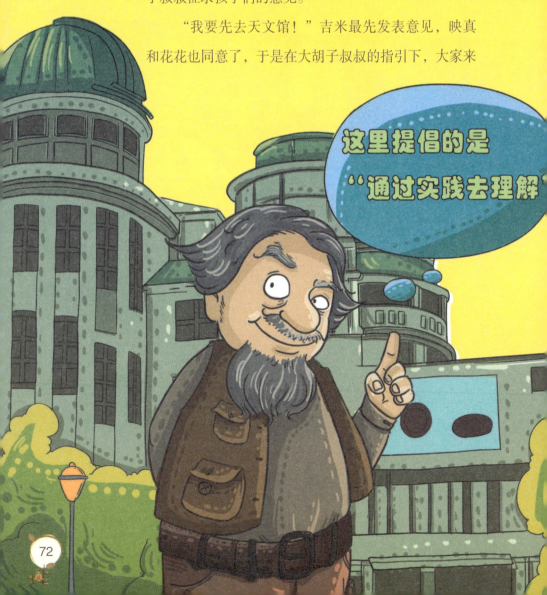

这里提倡的是"通过实践去理解"

到了顶层。

　　这是世界上最早的天文馆，也是世界上第一个拥有投影仪的天文馆，所用的投影仪是当时技术的杰作。大胡子叔叔结合馆内的情况，详细地为孩子们介绍了天文学的发展过程，几个孩子都听得很认真。

　　接着，他们又参观了几个展馆，直到快要闭馆时，才恋恋不舍地向外走。

　　"好伟大的博物馆呀！这里好像维护得特别好。"映真发表着他的见解。

　　大胡子叔叔听后笑了，说："呵呵，映真的眼光还是不错的。德意志博物馆内有设备完善的维修车间，还有一支专业的技术队伍，所有工作人员都具有相当高的技术水平。"

"哦，怪不得呢。"大家都恍然大悟。

"你们发现了吗，在这个博物馆看不到'请勿触摸展品'的告示牌。"映真问道。

"哈哈，孩子们，可能很多博物馆都是反对旅客触碰展品的，但是在德意志博物馆则正好相反。这里提倡的是'通过实践去理解'，其目的在于鼓励大家参与各项科学实验。所以在德国，很多学生都把这里当做课外科研活动的场所呢！"大胡子叔叔介绍道。

几个孩子陷入了沉思，他们终于领略到科技在德国的普及程度之深和在德国人心中的魅力之强大，这也是德国的工业为什么在世界上独树一帜的原因吧。

第12章
慕尼黑王宫

　　"孩子们，请闭上眼睛想象一下，假设你们在一座王宫里，你们最希望看到什么？"这一天，大胡子叔叔在车上突然向大家提了这样一个问题。

　　"哈哈，我想看到皇室中所有美丽的珠宝。"花花想象着说道。

　　"我想看到欧式风格的皇室，还有帅气的马车。"映真接着说。

　　"可是，我闭上眼睛天就黑了，这是
为什么？"吉米一脸疑惑。

　　"吉米，闭眼睛是为了方便你想象。你平
时不是最喜欢联想吗？假如你在一座王宫里，你最希望看见什
么？"大胡子叔叔继续引导。

　　"哦，这样啊！我最希望看见的就是餐厅，我要是国王，一定会
请人为我建筑一座最大、最豪华的皇家餐厅，请最好的厨师为我做美
味的餐点。我还想看见一张舒服的床，这样，我吃饱了就可以美美地
睡上一觉啦！当然啦，我会请你们来我的王宫做客，我一定会好好招

待你们的！"说完，吉米感觉自己的愿望已经实现了，不知不觉地笑了出来。

"看吧，吉米就知道吃和睡。"花花打趣地说。

"呵呵，吉米，你继续做你的白日梦吧。映真和花花，请睁开双眼。"大胡子叔叔说完，便做出迎接他们的姿势。

三个孩子同时睁开了眼，在他们面前的是一座庞大的王宫。

"孩子们，我们对面的建筑就是昔日巴伐利亚君主的王宫，全名叫慕尼黑王宫。它里面有什么，我先不告诉大家，我们进去看看就知道了。"大胡子叔叔满脸神秘。

"这座王宫好大啊！"花花对着宫殿感慨。

"没错，慕尼黑王宫是德国最大的市内宫殿，这座王宫见证了巴伐利亚六百多年的历史，从最初的14世纪时的一座城堡扩张为一个气势雄伟的皇宫区。经历了数次扩建，其中几栋豪华宫殿用了几个世纪才完成，因此这里集中了3个世纪的建筑特色。"大胡子叔叔笑了笑，接着问映真，"你刚才想要看欧式风格的建筑，现在你的愿望实现了吧？"映真听后点了点头，显然眼前这个恢宏的建筑群很符合他的想象。

"那这里有奇珍异宝吗？"花花不甘示弱地问。

"当然了，宝贝。有一处珍宝馆，陈列着历代国王以及诸侯的奢华宝物。哈哈，我猜你一定最喜欢这座宫殿吧？"

"大胡子叔叔，这里有我喜欢的吗？"吉米眨着眼睛问。

"那我就简单为你介绍一下，你听听这里有没有你喜欢的地方吧。"大胡子叔叔笑眯眯地看着吉米，说，"在王宫的西南方，有一座皇宫博物馆，里面收藏着大量精美的艺术品，比如绘画、雕塑、瓷器等，很值得一去。"

　　"除了这个呢？还有其他好玩的地方吗？"吉米似乎还不满足。

　　"在王宫里，还有一座很有名气的剧院——屈维利埃剧院，人们也称它为旧王宫剧场。它是法国建筑家屈维利埃设计的作品，也是世界上最完整的洛可可式样的金红色建筑。洛可可式样起源于18世纪的法国，它的建筑特点是纤细、华丽和轻快。"

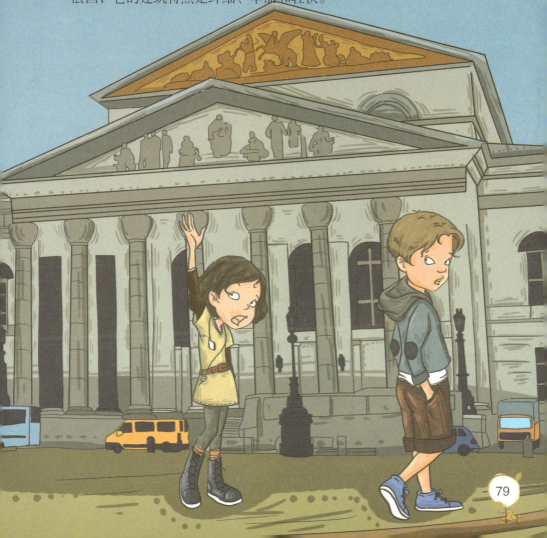

大胡子叔叔停顿了一会儿，继续说："据说，在1780年，著名音乐家莫扎特曾来到这里，才情迸发，写了一部名为《伊德米尼奥》的歌剧，并亲自指挥乐队在屈维利埃剧院演奏。"

　　"我要去屈维利埃剧院！大胡子叔叔，带我去吧！"吉米一听有剧院，立即兴奋地跳了起来。

　　"停！"大家都受不了吉米的大吵闹，纷纷妥协，于是一行人来到了屈维利埃剧院。恰巧剧院正在表演话剧，几个孩子兴高采烈地看了一会儿。

　　接着，他们又去参观了珍宝馆，以及王宫内的其他景点。

　　"你们有没有注意到，这里有很多狮子雕塑？"映真总是很细心地观察周围。

　　"是啊，很多狮子呢。大胡子叔叔，你知道这是为什么吗？"

　　"忘记告诉大家了，慕尼黑可是有名的'狮城'哦！"大胡子叔叔一拍自己脑袋，接着说，"早在公元1158年，狮子公爵亨利建立了慕尼黑，所以慕尼黑名为'狮城'。据说，看到慕尼黑皇宫区的狮子雕像，要摸摸狮子的鼻子，这样就可以得到福佑。嘿嘿，我们都来摸摸看吧！"大胡子叔叔说完，便去摸了摸，三个孩子也都凑上去触摸，期望得到福佑。

　　最后，大家还和狮子合影留念了呢！

第13章

令人喜爱的
英国花园

"我们到站啦,下车了!"大胡子叔叔打断了大家的谈话。

"好美丽的公园啊,让我一下子进入了大自然的怀抱!"吉米环顾四周,感慨起来。

"当然了,吉米,这里可是慕尼黑最受欢迎的英国公园。"大胡子叔叔露出了他那迷人的笑容。

"可是,为什么慕尼黑要建立一个英国公园呢?"

花花不解地问。

"因为这个公园的园林风格是英国式的，所以人们为它取了这么一个名字。"大胡子叔叔一边说，一边带大家走进公园。

"那么，大胡子叔叔，英式花园都有哪些特点？"映真提问总是如此专业。

"英式花园的草地比较开阔，林间小路蜿蜒曲折，公园内还有潺潺的细流，一切都顺应自然。"大胡子叔叔如此解释。

"看起来不错，很有意境，有点陶渊明笔下世外桃源的感觉！"花花似有所悟。

大胡子叔叔边走边解释："英国公园位于慕尼黑市中心，公园内有大片树林草地，有湖泊，有河流，还有多个富于巴伐利亚特色的啤酒公园。人们置身其中，可以散步，可以跑步，可以骑马，可以骑自行车，可以会友闲聊……这里是所有慕尼黑人和游客最天然的休闲场所。"

"啊！我的身心已经完全陶醉在这个绿意盎然的公园中啦！"吉米伸了个懒腰，开始"抒情"了。

"哈哈！"大胡子叔叔被这个小家伙逗笑了。他捋了捋胡子，又说道，"这个公园还为孩子们安排了6个带有秋千、滑梯和跑马游戏的娱乐场。在跑马娱乐场里，设有鹿、骆驼、长颈鹿和火烈鸟等造型的木坐骑，一会儿我就带你们去玩。"

"真的吗？太好咯！"孩子们的眼中散发出光彩。

这时，大家走到一座5层的木质塔楼前。

"这座塔很像中国的建筑。"花花歪着脑袋，一脸迷惑。

"是的，这是一座中国塔，也是英国公园内最大的一个啤酒花园。人们可以在这里喝啤酒、聊天、聚会。慕尼黑人非常喜爱这个中国塔。它曾在战争中被炸毁，但在战后，当地人

很快重新修建了这个中国宝塔。"

"感觉好亲切哦，中国塔也是中德友谊的象征，体现了德国对中国文化的喜爱吧！"花花禁不住得意起来。

"当然了，不仅是德国，我们韩国也很喜欢中国呢。"映真说道。

"这里没有好吃的吗？"吉米对饮食更关注一些。

"我们过去看看不就知道了。看，这里除了出售啤酒外，还卖大'8'字形松饼、萝卜、熟猪腿、腌酸菜、肉丸子等食物。看起来不错呢！"

"我的天啊，真是人间天堂。"吉米看着口水都流出来了。

大胡子叔叔为大家买了一些零食，他自己点了一杯啤酒，几个人找位置坐下，又滔滔不绝地聊了起来。

"在公园西南角，有一个饰以浮雕的大理石纪念碑，这也是一个很好的景点。纪念碑的主人是公园的创始人汤普森·本杰明。他是一个美国人，但为德国作出了很大贡献。他不仅向政府提出许多有价值的社会治理方

案，还为慕尼黑创建了一座自然与艺术相结合的英国花园。慕尼黑的人民称赞英国花园为不朽的文化瑰宝，同样也怀念那位献身于公共事业的国际使者汤普森，于是在公园里建立了浮雕纪念碑。"

"好多友谊的象征啊，慕尼黑人特别爱好和平，从这一点就可以看出来。"映真总结道。

"听上去很棒，我们快去看看吧！不过，我们还是先去游乐场里玩一会儿，怀念一下我们的童年吧！"吉米话音刚落，就不见踪影了。

第14章
多姿多彩的节日

　　"听说啤酒节开幕啦，今天晚上我们去凑个热闹吧！"大胡子叔叔心里一直惦记着慕尼黑的啤酒节，这是一个非常有意义并且热闹的节日，如果不参加，将是一件非常遗憾的事。

　　"大胡子叔叔，啤酒节是怎么来的？"随同大胡子叔叔来到了啤酒节的举办地之后，吉米向大胡子叔叔踢出了第一个"皮球"。

"是这样的，啤酒节原是慕尼黑的一个传统的民间节日——'十月节'。在这个节日期间，人们主要的饮料是啤酒，而且消耗量惊人，后来人们就将它改为'啤酒节'。啤酒酒一共持续两周，是慕尼黑一年中最盛大的活动。"大胡子叔叔解释道。

"既然十月节是传统节日，它一定有什么故事吧？"花花问道，她最爱听各种传说和神话故事了。

"是的。相传，1810年10月12日，巴伐利亚的王储路德维希与萨克森王国的特蕾泽·夏洛特·露易丝公主举行盛大的婚礼。王储的父亲约瑟夫决定为他儿子的婚礼举行为期两天的庆祝活动。在这两天的活动中，在慕尼黑有4个地方向全体平民免费供应饭菜和饮料。王国的骑兵卫队还在慕尼黑西南的一个大草坪上举行赛马活动和射击比赛，以示助兴。为了纪念这个节日，参赛的官兵请求国王用新娘特蕾泽的名字来命名这个草坪，从那时起这个草坪就叫'特蕾泽草地'。那次庆典给人们留下了深刻的印象，所以人们建议在1811年再搞一次全民性的活动。以后就每年举办一次。这就是十月节的起源。"大胡子叔叔喝了一口啤酒。

"大胡子叔叔，慕尼黑的啤酒节真是太棒了！"吉米被啤酒节热闹的气氛深深地感染了。

"是啊，太兴奋了！慕尼黑还有其他什么节日呢？这里有圣诞节吗？"花花好奇地问道。

"当然有，圣诞节是德国最重要的节日。每年进入12月，德国各

地的商店和街道就开始披上节日的盛装，老市政厅门前总要布置一棵大的圣诞树，各种圣诞节的时令商品堆满货架，大街上人流穿梭，人们忙着采购鲜花、家庭圣诞树、圣诞礼物和各种'年货'。德国的大学生平时难得回家，但圣诞节一定要回去和家人团聚。大家一起吃圣诞大餐，唱圣诞歌，圣诞树上挂满了各种装饰品，孩子们将会获得圣诞礼物，全家一直欢庆到深夜。有些家庭还会到教堂去。之后的两天里，亲朋好友可以相互拜访。"

"那他们元旦怎么过呢？"花花又问道。

"德国的元旦庆祝活动主要在12月31日夜晚举行。晚上很热闹，人们燃放鞭炮，欢庆新年的到来。很多大的城市都要燃放烟火，举办音乐会。很多同学还在元旦之前给教师和亲朋好友寄送贺卡。"

"呵呵，这习俗有点接近我们的传统春节。"花花说道。

"还有什么其他的节日啊？"映真问道。

"在每年的2月10日左右，是德国的狂欢节。这一天人们身着盛装，带上各种假面具，载歌载舞到街上游行，各种彩车驶上街头。站在车上的人们向街道两旁的人群抛撒糖果、巧克力和玩具等。场面非常壮观、热烈。很多地方，游行结束后，会到酒店举行传统的鱼宴狂欢节。"

"嘿嘿，好棒呀！我喜欢。"花花插嘴道。

"不要打断大胡子叔叔！"吉米显然不满花花插嘴，虽然心里也想参加狂欢节。

"对啦，大胡子叔叔，有没有复活节？"吉米想起了美国复活节的场景。

"复活节是德国的第二大传统节日。在过节前，各家各户都开始准备复活节兔子和复活节彩蛋，以此来欢庆春回大地，万象更新！"大胡子叔叔学识丰富，对答如流。

"大胡子叔叔，我听说德国的国庆节也在10月，是不是也像我们国家国庆的时候那么热闹？"花花问道。

"德国的国庆节是每年的10月3日，全民休假一天。与你们不同的是，这时候基本上没有什么特别的庆祝活动。"

大胡子叔叔突然又想起了一个节日，急忙和孩子们分享："对了，德国还有一个大学开学节。德国的大学冬季学期开学前后，很多大学都要举办庆祝活动，庆祝新学年的开始和欢迎新同学。庆祝活动有学习咨询服务，优惠购书，品尝风味小吃和举办演唱会。有很多的同学也出售自己有意义的作品，真的很棒的！"

　　"听起来不错，我们国家怎么没有呢？"花花向往地说道。

　　"慕尼黑还有一个夏季节日，非常受欢迎，它就是每年7月的歌剧节。歌剧节会吸引许多来自世界各地的演奏家和音乐爱好者，来到巴伐利亚国家歌剧院观看高级歌剧表演，它是慕尼黑文化生活中的一个亮点。"说完，大胡子叔叔喝了一口啤酒。

　　"孩子们，德国还有托尔伍德节，这

是另一种类型的艺术节，一年举行两次，每次持续24天左右。在托尔伍德节中，很多来自各个国家的艺术家都汇聚在德国慕尼黑的奥林匹克公园中，为观众献上几百场演出。其中有一半以上的演出是免费的。"

"真是多姿多彩啊，我也想参加托尔伍德节！"花花说道。

"我想参加德国狂欢节，一定很好玩。"映真说道。

"我比较贪心，你们想参加的我都想参加。"吉米一副贪得无厌的表情。

在场的人都被他逗笑了。

第 15 章

你听过"骑马游行"吗

睡梦中，花花开始了自己的狂欢节，她梦见自己骑着白马跟着大队伍在游行。她不知道自己什么时候学会骑马的，现在坐在马背上觉得很安全，很自如。她看了一眼周围，在人群中还发现了吉米。只见吉米在马背上又摇又晃，差点掉下来。看到吉米笨笨的样子，她不由得笑了两声，之后她便被叫醒了。

花花睁开眼，发现大家都在瞪着她，好奇怪啊！

"花花，起床了！"吉米在花花耳边说，"怎么回事？你笑得这么开心，肯定在梦里欺负我呢，是不是？"

　　"啊！原来我在做梦啊，我怎么睡过头了！大胡子叔叔，你为什么不早点叫我起来，现在吉米在嘲笑我呢！"花花边穿衣服边小声嘀咕着。

　　"我一早上就被你的笑声吵醒了，我看你睡得正香，就没舍得叫你。和叔叔说说，你梦见什么好玩的事情了？"大胡子叔叔笑着问她。

　　"哦，没什么，我梦见自己骑着大马在游行，好壮观、热闹的场面啊！我还看见吉米了，他差点从马背上摔下来……"说完，花花又情不自禁地笑了起来。

　　"果真如此，你只有在欺负我的时候才这么开心是吧？"吉米假装生气了。

"当然不是啦。吉米，你可是我们的活宝啊。我怎么舍得欺负你。"花花顽皮地说。

"好了，孩子们，先别斗嘴了，想想咱们今天去哪里玩吧。"大胡子叔叔说道。

"大胡子叔叔，德国有马场吗？我做梦骑马的感觉实在太好了，不如我们今天去骑马吧！"花花建议道。

大胡子叔叔思索了几秒钟，然后说："在慕尼黑，每年10月份，都有一个骑马游行的活动，今天我就带大家去。"

几个孩子跟随大胡子叔叔来到了活动现场。时间还早，骑马游行尚未开始，不过已经有很多人在翘首企盼了。他们来自德国不同的地方，组成各自的队伍。

不一会儿，骑马游行开始了。首先是每支队伍的乐队登

场，这些乐手坐在马上，走在队伍的最前面，他们穿着古代的服装，看起来很绅士。乐队里，有人吹着小号，有人打着鼓，还有女人吹管乐。

"大胡子叔叔，怎么还有女子吹管乐？"映真很惊讶。

"哦，这你就不知道了吧，德国女子的管乐很厉害的。"大胡子叔叔赞许地说。

接着，骑马的队伍出现了。

"好漂亮的马！"花花不禁脱口而出。

大家望去，只见骏马头戴花环，胸前还垂着漂亮的挂件。

"你们有没有发现，这马和我们平时见到的不太一样。"细心的映真说道。

"哈哈，确实不太一样，这是另一种品种，这种马腿粗、毛长，它们生长在德国北部和荷兰，通常这种马都用来拉车。"大胡子叔叔解释道。

每个队伍的前面还有一个人举着牌子，是每支队伍的代表和象征。牌子的做工很精致，看起来很重的样子。

"好多的马！你们看，后面还有很多啊！"吉米指着后面长长的游行队伍说道。

"据说，每年参加这个活动的马有三千多匹，可见活动的规模之大。"大胡子叔叔感慨地说。

"大胡子叔叔，你看，坐在马上的这些人，他们的穿着有点奇怪，他们好像来自古代。"花花一边说，一边按下了相机快门。

"他们穿的都是民族服装。"大胡子叔叔将了将胡须，继续介绍，"这个活动每年只有一次，机会很难得，因此有很多人从远方赶过来。不仅如此，他们还为这次骑马游行活动投入了不少金钱。他们的礼帽、

燕尾服、马靴、马鞍、马都是自费的。看！那些青年骑手们都神气十足，今天是展示男人雄风的日子，所以他们才如此得意，如此骄傲。不管别人怎么看着他们，他们都是目不斜视的。"

"啊！果真如此呢。这些骑士看起来都很骄傲，也很帅气！"映真很是羡慕。

"你们快看，还有像我们这么大的小孩子，好羡慕他们！"吉米指着几个骑着马跟在队伍后面的小孩子说道。

"是啊，我看到了，还有女孩呢。"花花羡慕地望着那个女孩。

"哈哈，孩子们，小孩也可以参加这个活动的哦！无论小男孩，还是小女孩，只要有兴趣，都可以跟随队伍一起游行。不过，如果女子超过20岁，则是禁止参加的。"大胡子叔叔答道。

"哈，真好！虽然我今年在慕尼黑没有赶上游行，但以后我要是有机会来这里，一定早早就准备。我也要像他们一样威风地骑马！"说到这里，花花眼神里露出一丝向往。

"这些孩子们骑马的技术真好，你们看，马儿好听他们的话。"吉米感叹道。

"大胡子叔叔，孩子们骑的马好矮啊，是不是小孩子们就得骑小马呢？"映真指着矮矮的马儿问道。

"确实，他们的驯马技术是很高超的，即使马儿不听话，也不会出现控制不住的情况。还有这种矮矮的马，它们其实已经成年了，但

是体形就这么大，它们属于永远长不高的品种。"大胡子叔叔指着队伍中的几匹马，为孩子们解释着。

"我还以为是未成年呢，哈哈，不知者不怪！"映真有点不好意思地笑起来。

"大胡子叔叔，你看马的脚部，为什么都绑着绷带呢？"花花又有疑惑了。

"因为啊，马的这个地方最容易受伤。所以这些骑士们为它们扎上绷带，这样，可以起到很好的保护作用。"大胡子叔叔笑着解释。

"骑士们好细心啊，他们这么爱惜自己的马儿呢。"花花由衷地赞叹道。

几个人边走边聊，最后跟着队伍来到了一所教堂前的广场上。大胡子叔叔告诉孩子们，这是这次活动的收尾程序，参与游行的队伍最

后都会来到这里。

　　大家前呼后拥，排场非常大。没过一会儿，漂亮的马儿和帅帅的骑士们就有序地离开了，骑马游行活动到此结束。

　　"好热闹的骑马游行，希望有一天我也能做一个帅气的女骑士！"花花感叹道。

第16章
多么快捷的交通啊

"我们游览了好多地方，才用了几天时间。这是为什么呢？"这一天，大胡子叔叔在路上这样问大家。

映真思考了一下，说："我觉得，应该是慕尼黑交通很便利的原因吧。"

"映真说得没错。德国的路况非常好，路上没有坑，也没有小石

子。最为主要的是，这里的交通十分便捷。在慕尼黑市内，我们可以乘坐有轨电车、公共汽车、地铁以及城郊列车。这么多种出行方式，为我们的旅行提供了方便，节省了时间。"大胡子叔叔拍了拍映真的肩膀说。

"大胡子叔叔，你一说交通，我突然想起一个问题。这里的巴士收费标准是什么？为什么我明明买了车票，还被认为是逃票呢？我一直都不懂。"吉米想起一次在慕尼黑的乘车经历，问道。

"孩子，在慕尼黑乘车，车票采用通用的收费标准，每个停靠站上都有说明牌。在你乘车前，可以大致看一下。更为重要的是，我们坐车是有时间限制的，如果你乘坐的是近郊列车，那么下车前你需要用车内的刻印机为你的车票打上时间。如果你乘公共汽车、电车，一

上车就需要立即打时刻。如果你忘记为车票打时刻，就会被认为是逃票。"大胡子叔叔如此解释道。

"哎呀，好像我真忘记了！"吉米拍了一下脑袋说。

"大胡子叔叔，什么是联票？"映真想起昨天看到有人在买联票，不解地问。

"哦，是这样，一套联票包括10张车票。如果你去的地方离出发地不远，那么使用其中一张就够了。如果你的目的地稍微远一些，就使用两张，以此类推，使用联票的数量根据你所到地点的远近决定。"大胡子叔叔娓娓道来，"有了联票，人们可以省下来回买车票的时间，在出行时就更加方便快捷了。"

"这样确实可以节省时间，提高我们的办事效率。"映真听后感

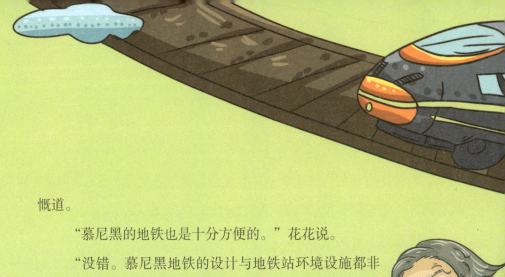

慨道。

　　"慕尼黑的地铁也是十分方便的。"花花说。

　　"没错。慕尼黑地铁的设计与地铁站环境设施都非常完善，既安全又快捷。"一说起地铁，大胡子叔叔马上打开了话匣子，"慕尼黑城市不大，还没有中国的中型城市大，但是其轨道交通的密度是相当大的。这里最显著的特点是地铁的站距相当小，每站大约600~800米的距离，地铁平均3~5分钟一趟。每趟车的到站时间与运营时刻表上标注的时间都十分一致。"

　　大胡子叔叔捋了捋胡须，继续说，"许多人是按照固定的时间赶往地铁站的。近几年，慕尼黑的地铁站还修建了地铁到达时间的电子预告牌。这些预告牌会显示出列车还差几分几秒到达站台的信息。"

"德国人的时间观念真的很强。他们遵守时间的精准程度，就像钟表上的指针一样。"花花忍不住说了一句。

"没错。在慕尼黑地铁与城铁车站，共有电梯近千部，滚梯一千多部。在慕尼黑任何一个地铁站，如果你拖着沉重的旅行箱，根本不用犯愁，电梯与滚梯会为你提供极大的便利。"大胡子叔叔说。

"慕尼黑的地铁也很人性化呢！"映真竖起了大拇指。

"在慕尼黑，大部分地铁站两端的通道，既有通行功能，又发挥着商业作用。很多通道里都设有面包店，从那里经过，浓浓的面包与浓郁的咖啡香味便扑面而来。为了方便顾客吃便餐，面包店外还立着几个独腿的高圆桌。地铁站的通道里，设有报纸杂志店，出售各种明信片、冰激凌、雪糕和交通月票。而郊外的旅游点的城铁站，地下通道里还有规模不小的商店、旅行社、餐厅、书店等服务设施。"

　　"德国的地铁发展真的很成熟。我相信，不久以后，我们中国地铁和城铁，也会像这里一样便捷的。"花花有点激动地说。

　　"大胡子叔叔，那么慕尼黑的铁路系统呢？"映真问道。

　　"这里的铁路系统也是相当完善的。德国凭借杰出的基础设施建设，让所有游客可以轻松快捷地到达目的地，享受畅行无阻的美妙旅程。"大胡子叔叔接着说，"现在的慕尼黑中央车站的主体是20世纪60年代重建的。与很多欧洲大城市的火车站相似，慕尼黑中央车站为尽头式，共有32条列车发线。从德国各地乃至欧洲其他城市开往慕尼黑的列车，绝大多数都抵达这里。如今，这里不仅是慕尼黑的交通中心，更是巴伐

利亚州乃至包括德国南部、奥地利西部和瑞士西北部广大地区的交通枢纽。"

"那航空呢？"映真早就等不及了。

"哦，慕尼黑的航空系统也很发达。慕尼黑机场是欧洲第九大航空港，也是全球航线网络中一个重要的枢纽。目前，有一百多家航空公司的航班在慕尼黑机场起降。可以说，慕尼黑的交通四通八达，为世界各国来此地旅游的乘客带来了便利。"

"大胡子叔叔说得非常棒。我也会好好学习专业知识，为城市发展奉献自己微薄的力量。"花花衷心希望自己的国家像德国一样强大。

第17章 中世纪穿越记

"电视里经常播放穿越剧，今天，我们也来一次穿越，好不好？"大胡子叔叔问道。

"大胡子叔叔，真的吗？你有多啦A梦，还是月光宝盒呢？"花花的想象力很丰富。

"你猜。"大胡子叔叔保持着以往的神秘。

"我想穿越到中国古代，看一看那个时代的人。"映真想到了前

段时间看到的中国电视剧。

"孩子们，我们今天就去中世纪看看吧。"大胡子叔叔笑着说。

"中世纪是哪个年代？"花花问道。

"暂时保密。"大胡子叔叔转身走了，几个孩子蹦蹦跳跳，跟在他身后。

"好了，我们到了。"大胡子叔叔冲孩子们做了个胜利的手势。

在大家面前，有一座古老而神秘的城堡。它的城墙是用土和石块垒起来的，表面凹凸不

平。一个小小的城堡尖顶竖在城墙上，像童话里的小矮人王国。

"好迷人的城堡！"映真惊叹道。

"映真，吉米，你们有没有镜子，快给我照照，我想看看我现在变成什么样子了！"花花只关注自己"穿越后"的模样。

"别紧张，你只是比从前丑了一点点而已。"吉米打趣道。

"啊，真的吗？这太可怕了！"花花说完看了看自己的衣服，她发现没有任何变化，不禁疑惑，难道是大胡子叔叔在逗大家？

"哈哈，可爱的小公主，我们来到了有'中世纪的明珠'之称的罗滕堡。让我们一睹中世纪的风采吧！"听了大胡子叔叔的话，大家才明白过来，原来这是慕尼黑的一个中世纪小镇。

"我没有听过中世纪的明珠，我只知道在中国有一个东方

之珠。"映真说道。

"这里之所以叫中世纪的明珠，因为它是德国所有城市中，保存中古世纪风貌最完整的地区。站在这里，就仿佛来到了那个内乱不断、统治黑暗的年代。每个人都会感觉自己像置身于油画或者书卷中一般。孩子们，这难道不是一种穿越吗？"大胡子叔叔指着罗滕堡说道。

"没错，我们确实穿越了呢！"花花咯咯地笑出声。

"这个小镇是不是在中世纪就有了？"吉米问道。

"当然了，要不然它怎么叫中世纪的明珠呢？"映真答道。

"没错。罗滕堡古城始建于公元9世纪。在罗马帝国的统治时期，

罗滕堡作为帝国的自由市，商贸活动非常繁荣，它也因此而盛极一时。"大胡子叔叔捋了捋胡须，说，"这座小镇在历史的长河中经受了多次战火的洗礼，然而幸运的是许多古老建筑仍然完好无损地保存至今，这让今天的罗滕堡仍然充满了欧洲中世纪的浪漫情调，这也正是如今人们如此喜爱这座小镇的原因。"

孩子们跟着大胡子叔叔穿过一个门洞，进入小镇。真是一座古老的城市，这里随便一座教堂、一处长廊、一座喷泉、一个雕像，都至少有七八百年的历史。

发着亮光的地面，是用小方石块铺成的；色彩缤纷的半

木房子，既卡通又古老；一道又一道的拱形城门，充满着传奇色彩；一座又一座的塔楼，残留着中世纪的余风；各具特色的店铺招牌，吸引着每位游客……大家一起感受着这古老的气息，仿佛真是置身于中世纪热闹喧哗的集市上。

"有人曾这样评价过罗滕堡——'如果你是个孩子，你会爱上这座城市，因为它是一个童话世界；如果你不是孩子，你也会爱上这座城市，因为到了这里你就会变成孩子。'"大胡子叔叔笑眯眯地说。

"是的！这里就像一个童话世界。我太喜欢啦！"花花张开双臂，深情地说。

"花花，来，笑一下！"映真手拿相机，为花花抓拍了一张。

"孩子们，在这里，你们永远也不会迷路。这里任何一条小巷都可通往中央集市。据说夜里11点以后出来逛街，还会遇上中古世纪打扮的巡夜人，提着猎枪在城中巡查。"大胡子叔叔边走边介绍。

没过一会儿，大家来到了小镇的中心——集市广场。大胡子叔叔指着一座高大的钟楼说："这是一座60米高的建筑，过去它是防御敌人入侵的瞭望塔，现在它是俯瞰整个罗滕堡的最佳地点。在楼顶，我们可以瞭望这座中世纪古城的全貌。"

"大胡子叔叔，那是什么？"吉米询问钟楼上的时钟。

"这是著名的太阳计时钟，每天，它都会在规定的时间里自动打开。之后，出现两个小人进行喝酒表演。这两

个小人是英雄人物，代表着罗滕堡的保护神，受到小镇人民的爱戴和敬仰。”

"好有趣的地方！"映真情不自禁地说道。

"你们可能都不知道，罗滕堡还有一个别称叫作'圣诞城'，因为这里有一个圣诞博物馆与圣诞村市场。所以无论是圣诞树、圣诞树装饰品，还是圣诞老人、小天使……所有的圣诞用品我们都可以在罗滕堡买到。"大胡子叔叔兴奋地说。

　　"这里像新天鹅城堡一样梦幻而美丽。"花花满脸沉醉。

　　"大胡子叔叔，这是什么？"吉米指着沿街一家店铺里的点心问。它外面裹满了糖霜，看着十分诱人，大胡子叔叔给三个孩子各买了一个，大家吃得都很开心。

　　太阳渐渐向西落去，四人来到一处高地，这里是俯瞰罗滕堡的好地方。孩子们向远方眺望，夕阳已经把河谷、城堡，以及层层叠叠的树林都染成了金色，分外迷人！

第18章

再见，慕尼黑

"花花，吉米，起来了，飞机快要起飞了！"映真喊道。

"映真，快把自己的东西整理好，过来帮忙！"大胡子叔叔忙得大叫。

"来了，我马上就好。"映真答道。

"快看看你们的护照放好了没有，还有你们买的小礼品，都装好了吗？"大胡子叔叔逐一提醒着。

"孩子们，出租车来了，我们抓紧时间上车吧！"大胡子叔叔催促道。

出租车缓缓启动，孩子们要与这里说再见了。

"孩子们，你们喜欢慕尼黑吗？"司机师傅忍不住回头问大家。

"喜欢！"三个孩子开心地回答。

机场到了，司机师傅停下车，微笑着对几个孩子说："慕尼黑也喜欢你们！欢迎你们下次再来！"

……

"亲爱的旅客朋友们，由慕尼黑开往北京的飞机马上就要起飞了，请旅客朋友们到2号登机口检票登机。"广播里传来播音员甜美的声音。

飞机起飞了，几个孩子恋恋不舍地看着窗外。

"再见，慕尼黑！"大家在心里默念。